MÉTHODE DE LECTURE

PAR P.-J. CRINON.

(1er TABLEAU).

I. SONS.

a e é è ê i o u
   muet fermé ouvert long

c o i é u è è ê a

II. CONSONNES.

b p d l t m n
m l b t n p d

III. EXERCICE.

a d i t è n e p o b l é m u ê
t a è n p o b l m d e i u ê é

IV. SYLLABES.

me	te	da	pa	li	po	ne	be	tu
ba	tê	pi	pe	di	mi	tô	té	bo
dô	le	mû	la	bi	de	lu	du	mo
bê	ni	bé	ta	no	pâ	mê	mu	né
mé	lo	pu	to	lé	ma	nu	ti	na

V. MOTS.

âme ami dame lime dôme nota pile date duo mêlé pâmé tube lame bile demi ému même midi note mule boa api dina béni mode loto tôle âne dupe poli tête muni puni papa têtu uni épi lune mine pipe noté pâle diné nota été biné île malade nudité.

VI. CONSONNES.

f j c g r s v z

VII. SYLLABES.

ri	so	vé	cu	va	je	fu	ra	go	zu
se	ji	fa	co	rè	si	vu	ro	zi	fi
gu	ve	za	ru	ca	zo	ju	ga	zé	fe
fo	ja	ré	sa	su	vo	fê	jo	ze	sé
vi									

VIII. MOTS.

ride pore zéro jubé fade cale file gala joli café code rôti solo écu défi déjà gobe bure mari doré cave paré dura gaze rape mare vide repu père venu zélé pure rame revu sera péri vile lève sali dure sofa robe rêve taré vota lire sève valu tiré fève cône rôle fête rade.

IX. MINUSCULES.

a b c d e f g i j l
m n o p r s t u v z

X. MAJUSCULES.

A B C D E F G I J L
M N O P R S T U V Z

XI. MOTS.

Vive fané Réné rare dire calé lave tira jeté fumé rate zone cuve fera zèle redù gâté sure volé jupe juré cure côté vite curé rave. — Adulé cabale démoli locale alibi cabane olive aréta comète avare canada légume adoré élite carafe jujube dédale député arène abîme arabe canari abîme figure Adèle sûreté écume fécule

Férule ébène lazare modèle jubilé débile colère salade tulipe cavité azuré farine arête rumine dorure badine atome Jérome canapé aride Eliza école minute bobine capote épine dureté cupide galère mérite dérobé morale étape gabare binome sébile patine mâture étuve élevé rigole fécule parole rapide levure narine madame marine nomade nature paroli savate sonore monôme parade pelote parure remède vipère samedi salive timide volume rafiné utile azime.

XII. MOTS.

Amazone bigarade sécurité solitude parabole aménité zibeline avidité utilité fidélité carabine ligature Divinité camarade calamité panorama timidité monopole pédicule décagone aromate fatalité nativité féverole égalité imitera mobilité latitude minorité sérénade rapidité molécule moralité inanimé judicature amabilité majorité évaporé futilité filature maturité vinicole ovipare numéroté Nicodème unanime sérénité monotone rivalité Caroline. — Eléonore définitive similitude amabilité béatitude libéralité dominicale utilité notabilité popularité monopétale volubilité unanimité régularité.

LAON. — Imprimerie de Ed. Fleury et Ad. Chevergny.

MÉTHODE DE LECTURE

PAR P.-J. CRINON.

(2ᵉ TABLEAU).

I. SONS.

ul is or ol ur us al ir ar if

II. SYLLABES.

mir	gal	zur	lar	dul	fis	sol	ful
var	mur	gus	vir	col	rif	nul	lis
mal	vor	sur	vif	bir	mul	bor	tir
bis	fur	sal	pis	jor	pus	pir	ral
sor	nis	jar	pal	mol	dis	dar	for
dir	mis	bol	tus	bar	nor	bus	tal
dif	fur	tur	bal	jus	par	mor	lir
nal	nir	cal	dor	car	dur	mar	nif
pur	val	cor	tar	gar	por	cur	tif
tor	sif	gol					

III. MOTS.

dormir égal azur larme fiscal solde argus colza bémol juste naval piste mardi ravir carte barbe tarif futur rétif arme dardé canif bénir porte sortir major tapir corde subir ténor salve borne calme salir palme Colmar parmi bocal orme cornu calcul finir garnir fatal ardu fanal buste larve local forme tortu golfe adulte liste oral murmure fulminé animal fortune corpuscule varlope.

IV. SONS.

ip ag ud oc as id os ap uf
az ad ig ab ic ob uc og il
ac ub up

V. SYLLABES.

dic	lip	cap	soc	ric	lac	dog	zag	pas
gap	fil	suc	gaz	lup	nos	tuf	nig	roc
dop	nas	nic	vid	zig	pac	noc	bos	bas
pic	doc	rup	vic	til	job	sub	duc	cos
mas	bac	tic	cob	vas	fas	mil	tac	pos
bil	sac	rac	nil	fac.				

VI. MOTS.

captif opta pascal vaste Jacob docte subtil aspic faste dogme Victor poste dicté mastic caduc lacté valse dicta caste David castor acte postal adopté Ludovic inactif néfaste. adoptif admiré bascule nocturne pastoral absurde énigme Alaric volupté facture abside

Posture arsenic rupture épacte obtenir artère actif liste métal bulbe normal culture morne venir canal natif orne pâlir marne Médor régal carte mûrir natal motif partir munir culte total parlé polir tardif tarse garde orné pénal vêtir urne régal punir tarte unir.

VII. MOTS.

Copiste parasol vétusté biscornu arbuste départir carnaval jardiné tartine discorde dévêtir Portugal virgule bordure Sénégal caporal avorté capital avenir alarmé minéral cocarde numéral culbute ordinal énorme cultivé octave boréal captivé absolu arboré inégal mérinos lézarde parsemé abolir faculté fistule

Armure formule colporte cardinal libéral morsure matinal posture écarté dispute capsule marmite amiral démolir arsenal sulfate pistole vacarme mordicus barbare nominal dégarnir sulfure arcade bastide négatif alcove tumulte sordide révolte portatif récolté parjure torture retenir surdité survenir vomitif parvenu sardine parvenir ajusté.

VIII. MOTS.

Aptitude alarmiste Evariste ministère fabuliste ébéniste caractère abatardir opuscule uniforme multitude mortalité nominatif calviniste activité mascarade carmélite marmelade aspérité écartelé minuscule garniture majuscule octogone postérité amalgame captivité fanatisme définitif sarbacane urbanité particule mécanisme turpitude facultatif absurdité écarlate formalité métatarse soporatif — Académiste débarcadère naturaliste uniformité solvabilité particularité.

MÉTHODE DE LECTURE

PAR P.-J. CRINON.

(3ᵉ *TABLEAU*).

I. SONS.

eu   ou   an   in   on   un   ai
feu mon ruban vin mon lundi vaine
au   oi   oin
faute toi soin

II. EXERCICE.

oin un eu an ou on au an on au
ai ou in ai un oi oin eu in oi
an on un au oin ou ai in oi eu

III. SYLLABES.

feu tau rou tin boi pan fun ron
pin foin ton gou roi tai vin jon
fou j'ai lin join pai rin lou fon
man cau fan loi veu bou meu cai
tou lun dou jau bon can coin din
mai seu vai loin peu pon sau coi
vau lai son gai nin soin moi sai
dan boi pou ban jan fai pau fin
mou fau poi cou soi moin nan jeu
ran poin neu con bou gau sou voi
jou non don mau foi min van tan
mon vou noi tai sin rai toi.

IV. MOTS.

an — maman jante ruban danse nantir tante
au — taupe baume saumon faucon paume
ai — laide saine vaine faire paire raide taire
ou — route joujou doute voûte toute louve
on — coupon fonte ronde donjon goujon
in — dindon moulin Martin venin serin
eu — meule neuve seule émeute Europe neveu
oi — boire émoi noire mémoire voile voiture
oin un — témoin jointure lundi défunte.

V. RÉCAPITULATION.

Léon anse canton pointe Firmin gaule aucun tocsin ponte jaune aimé faute bénin carton foule coupe boulon mutin gascon aire jasmin matou aigu boule boudin lapin onde bondir moine butin jeudi aidé mouton mourir bijou onze ravin alun pinson soupe malin poule poumon laine mouron.

VI. SONS.

œu am en em im ain aim
ein um om ei eun oui eau

VII. SYLLABES.

vœu bam dain ven dam fum pain
cam peau sein den cain men bain
com deau vain fen main gam nain
leau ren reau beau len rain tem
seau pein faim jam lom neau sen
rein veau ram meau fein lam vei
gain tam peau tom ten sain pen
teau sei bom lein vam pei lain
tain jeun tein lei.

VIII. MOTS.

am — campé damné bambin jambe Samson
ain — Vulcain andain forain airain urbain
en — Valentin vente fente mentir rente lente
ein — peinte feinte peinture teinture éreinté
em — tempe empire tempéré tempête emporté
eau — rouleau copeau radeau taureau corbeau
om — pompe pompon surnom comte bombe
im — limbe imbu limpide impoli timbale
ei — Seine seize peine veine reine baleine
œu um eun oui — vœu parfum fouine à jeun

IX. RÉCAPITULATION.

Sentir poteau fendu pente marteau vendu ainsi malsain caveau mental lointain sainfoin vaincu couteau pampe jumeau tente rondeau jambon pensif rideau rampe bureau ambe lambeau étain menton beauté cadeau bedeau tampon niveau levain tombeau bambou linteau demain râteau bandeau nouveau moineau.

Denture arpenté alambic absenté colombe combiné défense enfantin densité consentir encore pendule ambigu vampire entendu lendemain lapereau endêvé batardeau repentir louveteau patente bordereau compote démentir compacte maintenir omnibus inventif décampé penture vicomte tenture nouveauté tombereau.

LAON. — Imprimerie de Ed. Fleury et Ad. Chevergny.

MÉTHODE DE LECTURE

PAR P.-J. CRINON.

(4ᵉ *TABLEAU*).

I. RAPPROCHEMENTS.

eu — œu œur euf eul eur
        vœu sœur neuf seul leur

ou { oua our oué oul ouf
      noua tour noué Toul pouf
    ouir ouai ouen ouan
    évanouir Douai Rouen rouan

an — en am em
    vente ambe tempe

on — om onc
    tombe ponctué

un — um eun
    parfum à jeun

ai — ei air
    veine pair

au — eau auf aug aul
    niveau sauf augmenté Paul

in — im ain aim ein
    imbu pain faim feinte

oi — oif oir oin
    soif soir soin

ar — arc — or — orc
    parc   porc

ur — urc
    turc

II. EXERCICE.

eu our œur eu eul ou ouf ouir
ou œu oua eur ouf eau im oif
oi aug ain oin or arc in ar
an in œu oué en ouir un ouai
en onc auf oir aim orc euf oul
am ar ein urc aul aim eun oué
on um ouen ai

III. MOTS.

Paul pair sauf soif marc pouf Toul seul porc turc sœur donc tour l'air jour parc cœur soir neuf voir veuf four bœuf noir leur. — Gamin courte jouir Douai miroir lourde fouir impair bouton voilà nantir vanté moule jardin tourneur valoir ardeur joué tordoir menteur réjouir ouate voleur enfin tinté bâton santé soupir gazon doua fondu aune limon bonté pardon labeur baron journal roua danseur vouloir loué voua lavoir canon cordon balai timon fourgon jouai doué Sauveur voué séjour lenteur loua course contour vouai secoua nouai retour fourneau vautour loua parloir gourdin pourtour rameur roué bourdon noué Rouen sourde tourbe valeur jourdain majeur velour mineur dortoir courbe tourteau acteur tourte.

    Réponse poularde mouture rancune souvenir soucoupe aboutir pantalon dandiné infirme acajou fanfaron pèlerin écouté féminin macaron intime consulté garantir couture calepin cantine bouture consumé volonté déroute abandon étoupe cautère vicaire maudire empereur vulgaire semaine aurore amateur conducteur malfaiteur orateur molaire Antoine notaire auditeur salaire arpenteur.

IV. SONS.

ia ié iè io ui iu ian uin
ien ieu ion iau ué iai

V. EXERCICE.

iai ui ion uin iau ien ia iè
ian iau ien ia ué iu ieu io
ui ion iai ian uin ieu ué ié

VI. SYLLABES.

lui miau fui pié sui tien tui fia dien cui
diè sion dia lion sien dui vio fio vian vien
tié nui nia liai juin lieu biè bui mien pieu
piè bien pion pui lien pia nié rui sien dieu
fiè nion viè rio liè riè cué niai foui miè
lio ziè nué jui dio lia bio liu miai.

VII. MOTS.

ia — renia diagonale copia liane piano ratafia
ié — marié épié moitié varié pitié piéton
iè — bière tiède fière diète altière manière
io — folio violon fiole babiole période amélioré
ui — fuite suite ruine luire étui tuile
ien — comédien diluvien indien soutien combien
ieu — Dieu adieu épieu lieu pieu milieu
ion — talion union pension opinion réunion
ué — dénué évacué remué salué diminué
iai — Vendémiaire nobiliaire pécuniaire
ian — uin — viande riante suinté suin

LAON. — Imprimerie de Ed. Fleury et Ad. Chevergny.

MÉTHODE DE LECTURE

PAR P.-J. CRINON.

(5ᵉ TABLEAU).

I. RAPPROCHEMENTS.

ieu ieur ia ial ui uif
uir iu iur

II. RÉCAPITULATION DES TABLEAUX 3 et 4.

Lieur juif sieur cuir suif fuir relieur diurnal nuire juive suivi cuire buire galérien bienvenu conduite conduire ensuite lumière pituite salière matière portière douzième suivante falsifié volière paupière soupière déduire variété rivière rapière antérieur neuvaine intérieur minerai supérieur fontaine inférieur tarière jaunira ornière séduire gourmande filière aumône calvaire laboureur colporteur induire défaveur meunière seizième ratière piétiné marnière reluire onzième cordière réduire faîtière lanière entière.

Oratorien linéaire capitaine vivandière évanouir coutumière infortune donataire aubépine écolière mondanité antimoine inimitié incondite élégante singulière amirauté jérémiade coutelière infamité numéraire taupinière auditoire cafetière aratoire luminaire séculière ordinaire répétiteur invalide abalourdir volontaire militaire antipode cavalière calculateur conformité teinturière méridional automate infidèle titulaire individu numérateur jardinière natatoire inventaire légataire tutélaire émeraude oculaire admirateur compétiteur.

Capitulaire aventurière supériorité familiarité particulière surabondante auriculaire limonadière surnuméraire souveraineté vocabulaire infidélité dénominateur.

III.

Y Q K H
y q k h

1. **Y** (i grec) s'emploie tantôt pour un i, et tantôt pour deux i : *noyau*.
C suivi de e, é, è, ou de i, y se lit comme s : *ceci*.
G suivi de e, é, è, ou de i, y se lit comme j : *juge gîte*.
La lettre **H** est toujours nulle quand elle n'est pas précédée de c ou de p. La lettre **E** placée entre un g et un a, ou un o, ne se prononce pas ; il *mangea*, *pigeon*.
Ç a la valeur de s : *façade*.
Q se lit comme c : *coq*, *cinq*.
K se lit comme c : *moka*.
EN précédé de e, é, i, y se lit comme in : *Saducéen bien moyen*.

IV. SYLLABES ÉQUIVALENTES.

sa ça — se ce — so ço — su çu — si ci
ja gea — je ge — ji gi — jo geo

V. SONS.

ce yn ym ci oy yon gi ço
yo ge ça ay yé ey çu yè
ya uy yen yeu yal yeur.

VI. MOTS.

Ciel type gêne noyé farce gîte noya thé agile poinçon gage ici thym gorge congé censeur moyeu songe face lyre thème juge hôte syncope Lyon haine gémir Noyon cage martyr large ceci maçon hère durcir heure royal hangar myope sauce tyran surgir linge douceur déçu force kilo moyen haute doyen héron sage hauteur haro rayon théière hibou noyau larcin Henri orge tuyau harpe jury syndic farcir loyal tympan.

Eugène tige durci puce audace loyauté réagi avance défoncé balayeur dégagé policé séance symbole orage délogé romance tirage fougère partage royaume coq cinq suçoir végétal Tacite déluge ceinture vivace noyade céléri tutoyé cigale cécité ulcère garçon synode décidé bagage mitoyen adjugé éloge coudoyé vendéen fugitif cirage renvoyé langage général aboyeur orange girafe roulage ravage régime leçon médecin moka.

Duplicité balançoire concitoyen européen géniture régime élégance indocile facilité légitime pyramide tenacité polygone voracité abondance acolyte eucologe synonyme véracité centenaire olympiade convenance avantage reçu bénéfice hautain civilité sauvageon pinçon heure hâtif docilité hardi sauvetage engeance capacité honte saducéen.

MÉTHODE DE LECTURE

PAR P.-J. CRINON.

(6ᵉ TABLEAU).

I. CONSONNES COMPOSÉES.

bl   **br**   **cl**   **cr**   **dr**   **gl**   **gr**
table   sabre   oncle   encre   cidre   ongle   nègre

fl   **fr**   **pl**   **pr**   **tr**   **vr**
trèfle   fifre   exemple   propre   votre   ouvre

II. EXERCICE.

gr	vr	tr	gl	dr	pr	pl	fr	cr	br	cl
fl	bl	cl	cr	pl	fr	br	pr	fl	dr	gr
tr	gl	vr	pr	fr	cr	cl	fl	gr	br	pl

III. SYLLABES.

cra	vri	gro	cli	vra	vre	fro	tra
bre	cri	vro	pre	gle	tre	blo	gri
bru	dri	bra	pru	glo	vru	ble	fri
dru	bla	tri	gla	bri	fla	plu	flu
pra	gli	dro	fra	clu	bli	glu	fli
bro	gru	clo	gre	plo	fre	cro	pla
dre	pro	fle	cla	tru	dra	cle	cru
blu	flo	ple	tro	cre	pli	plu	fru

IV. MOTS.

pr — propre prune prône prévoir prénom
cl — Clara boucle oncle article miracle
bl — blocus oubli faible blâme comble double
gr — grive nègre grenu maigre malgré
pl — couple plume ample plénitude pluralité
br — sabre bravo bride brutal brune marbre
fl — flûte Flore flacon fléau flocon enflure
tr — trèfle filtre trafic trivial ventre autre
gl — globe sangle ongle gluau angle aveugle
cr — nacre cria diacre fiacre crâne encre
vr — ouvre navra fièvre lièvre pauvre cadavre
fr — frugal soufre gaufre frère fripon friture
dr — drôle fendre feindre fondre pendre

V. RÉCAPITULATION.

Drôme dartre intru moindre pourpre cuivre ombre poindre mordre cadre maître ancre arbre trône clôture nombre vendre brodé meurtre simple teindre crête crêpe ambre peindre brave crible brûlé neutre brunir crinon contre être oindre montre œuvre membre tordre naître coudre potable lèpre noble préau semblable fenêtre bréviaire primaire sépulcre crinière pénible préludé traduire poursuivre emblème cravate cratère tripoli manœuvre profité octobre dégradé publicain prétendre agréé écrivain abrutir apôtre amiable convaincre décrire funèbre doctrine écriteau déréglé.

VI. SYLLABES.

crou	trir	trui	trac	froc	croi	troc
bron	glan	frac	fron	blou	bleu	crin
clan	cloi	plan	brou	blan	clai	blon
fleu	glai	froi	vrai	pleu	fran	gron
brai	flau	grai	droi	trou	dran	flai
plon	gloi	plan	plin	blic	cram	blai
grain	pren	vron	cran	clin	tran	tron
frai	troi	plom	crain	plain	brui	flui
frain	prun	trui	gral	trai	vreur.

VII. MOTS.

cl — clou clair cloître déclin Claude clairon
gl — gloire glaive glande glaire jongleur
bl — bloc blonde blaireau public faiblir
br — brun brin broute bronze braire bruire
cr — crampon croûte croire craindre croître
fl — fleurir fleuve flairé fluide flambeau
dr — cadran droite droiture absoudre goudron
gr — grain grandeur grondé graine aigrir
pr — éprouvé emprunté principal pourpre
fr — froideur fronde refrain fraude fracture
pl — plombé planteur pleuvoir pleureur plainte
tr — train treize octroi patron poltron flétrir
vr — vrai couvreur ouvrir vraisemblable

VIII. RÉCAPITULATION.

Autrui plaindre plante grande remblai trouble prendre Flandre tableau pétrin déblai blondir trompeur temple anoblir maigreur brandon claire trompé aigreur intégral déplaire tremblante plébéien froidure migraine amaigrir contrainte bleuâtre abreuvoir éclairé agrandir fructifié établir rétracté agraire éblouir arbitraire.

MÉTHODE DE LECTURE

PAR P.-J. CRINON.

(7e TABLEAU).

I. CONSONNES COMPOSÉES.

ch	ph	ill	gn	gu	qu
riche	Adolphe	cheville	vigne	figue	chaque

II. SYLLABES.

illeul	gnoir	illir	chal	qua	chi
guin	que	che	illé	chou	quan
gnan	cheur	phu	guir	gnon	phon
cha	gnu	phan	gni	chir	gua
quin	cho	gne	chon	gui	pho
illau	chain	phal	illi	phe	chau
cheur	illa	quen	choir	gueur	illo
phi	chan	phin	gna	qui	pha
char	quo	choi	quai	gue	gnal
illu	phar	gno	chu	gneur	quoi
quar	gnoir	illon	queur	gneul	gnac
gneau	gueu	phil			

III. MOTS.

ch — bûche choc chétif chapeau chaudron
gn — seigneur agneau signal campagne
ill — bouillon bâillon bataille filleul canaille
ph — phare siphon dauphin Pharaon nénuphar
gu — bague gueule guérir guingan dogue
qu — calqué pourquoi manqué quinte marque

IV.

Chair chien chemin Quentin château charme blancheur philtre chaume machine liqueur chûte chantre brique languir guimpe cognac quatrain fougue borgne quarte gagné guidon tilleul bouilli quoique feuille moqueur chanvre planche requin chagrin franchir pignon branche langue échoir brouillon chardon bouillir fraîcheur mouilla fléchir échoua chaine railleur bouchon prochain déchu chérir régna mouillé charbon.

V. RÉCAPITULATION.

Éteignoir papillon débarqué abandon probable mailloche absoudre prédire baignoire compagnon gratuité montagne charnière louable produire fenêtre éteindre pauvreté émigré caillou précaire champignon guirlande écharpe enseigne ignoré vigueur épagneul maréchal quatrième Guillaume quotidien quiproquo navigua abdiqué débauche piqûre rognure guimauve souillure aligné liquide naguère triomphal ignoble ivrogne banqueroute chanté archiduc incrédule curviligne meurtrière déplorable magnifique écriture agricole adorable agronome télégraphe agriculture phénomène prématuré épitaphe brutalité antiquaire.

L'E suivi d'une consonne qui finit la syllabe, se lit è.

VI. SONS.

ec   ed   ef   el   er   ep   ief   iel   ier

VII. SYLLABES.

tel	der	mer	bel	pec	ver	bec	ter	lec
per	nep	ser	rel	ler	cel	del	ber	gel
sel	nec	cer	nel	fec	fer	vec	ger	mel
quel	cier	chel	cler	jec	mec	fier	cher	sec
bec	nef	chep	ner	ciel				

VIII. MOTS.

Miel fiel bref mortel delta germe verdir perte Marcel nectar dégel merle terme amer avec perle cerveau formel Abel ferme cierge secte Michel échec nerprun cherté cheptel fierté clergé alerte quelque manuel lecture maternel moderne alterne pectoral liberté corporel électif servante adjectif défectif inerte hydromel ermitage universel.

IX.

**st   sc   sp   cs   sf   sv   sm
pt   sgr   spl   squ   sph
ps   str   scr   scl**

Dans les mots le S commence toujours la syllabe.

X. MOTS.

Fisc busc aspic apte presque sphère lorsque stupeur prisme scribe austral svelte splendeur spécial gascon tocsin disgrâce scorpion Neptune scrutin jasmin stable inspecteur cristal spectre phosphore esclandre plastron prospère satisfaire scrutateur reptile percepteur fantasque talisman artificiel psalmiste scolastique mousquetaire.

MÉTHODE DE LECTURE

PAR P.-J. CRINON.

(8ᵉ TABLEAU).

I.

Mouillez **L** final des mots suivants :

Bail cil deuil vieil mail l'œil l'ail orteil péril réveil sérail soleil travail écueil fauteuil bétail pareil fenouil orgueil poitrail corail bercail émail portail chevreuil détail cercueil camail soupirail gouvernail éventail épouvantail caravansérail.

Prononcez **TI** comme **CI** dans les mots suivants :

Nation mention action notion onction partial faction martial portion direction relation vacation proportion privation componction conjonction dévotion vocation punition préparation national création partialité interjection national obligation compensation fabrication opération multiplication soustraction.

S entre deux voyelles a la valeur de **Z**.

Toison base rasoir maison ciseau aise fusain liaison poison cousin cause biseau visite cerise épouse incision boudeuse oraison résumé évasion fenaison magasin causeuse sérosité courageuse orageuse autorisé savoureuse réalisé légumineuse préposition composition imposition.

Le tréma (¨) est un double point que l'on met sur une des voyelles e, i, u pour le faire prononcer séparément de celle qui précède :

Naïf cigüe Saül haïr Caïn aïeul caïeu Esaü Moïse païen biscaïen égoïste mosaïque héroïque naïveté stoïcien laïque faïence.

X se prononce **GZ** : *exercé*, ou **CS** : *oxide*.

Fixe taxé sexe fixa luxe exigu expulsé laxatif maxime exhorté élixir exaucé syntaxe exemple exorde excuse exalté axiome excité exclure exigu exception extraire oxigène dextérité expéditif exercice exaspéré expédition exactitude.

UM se prononce **OM**.

Album factum laudanum décorum labarum opium factotum minimum maximum postulatum post-scriptum.

C, F, L, R sont à peu près les seules consonnes qui se prononcent à la fin des mots : *grec substantif Daniel espoir*.
La finale **ES** dans les monosyllabes se lit **É** : *mes*.
Les finales **ER, EZ, ET** se lisent **É** : *jouer, vendez, bouquet*.
Une consonne répétée ne se lit ordinairement pas : *gomme*.
E suivi de deux consonnes se lit **È** : *telle*.
E est souvent nul.

II.

Drap but tes nid jonc sang vingt noix ces sort chef les nez court des repos nulle gomme rouet beauté débit salut oisif canne tabac bossu dispos quelle venez rideau devoir dormez fusil ballon peintre patrie tambour clocher belle ivraie année pomme gaieté beurre futaie soulier continuel maladif adorer recevoir charcutier souscripteur Eugénie flageolet personne crucifix bourgeoise grec Daniel espoir jouer bouquet.

III.

Quand deux **C** sont suivis de e, é ou d'un i, ils se prononcent tous les deux : *succès, accent, occident*.
La consonne composée **SC** suivi de e, é ou i équivaut à **S** : *disciple*.
La diphtongue **IEN** se prononce quelquefois **IAN** : *orient, patient*.
L'**H** est nulle dans les mots *écho et chœur*.
Lorsque **CH** est suivi de l, n, r, l'**H** est nulle et le **C** a le son dur, (que) : *chlore, technique*.
Les lettres **ENT** se prononcent **E** à la fin des mots devant lesquels on peut mettre ils ou elles : *ils aiment, elles jouent*.
EU se prononce **U** : *tu as eu, il a eu*.

IV. MOTS.

Scène cahos chrétien sceptre sciage patience client chlorure science scélérat occident audience succédé orchestre archange succession conscience accident expérience discipline catéchumène écho elles dorment ils rendent disciple descends chœur choriste chrême chronique tu as eu technique christ il a eu chlore succès accent sceau.

V.

PROCÉDÉS A EMPLOYER.

1ᵉʳ Tableau. — Faites dire *be, pe, de, te*, etc
Epelez ainsi : *b a, ba ; m e, me*.

2ᵉ Tableau. — u l, ul ; m i r, mir, ou bien m ir, mir.

3ᵉ Tableau. — Faites prononcer les voyelles *eu, ou*, etc., comme s'il ne s'agissait que d'une seule lettre.
Epelez ainsi : *f eu, feu ; t au, tau*, etc.

4ᵉ Tableau. — 2ᵉ colonne. Epelez *bi a, bia*, ou *b ia, bia*. — Le premier procédé est préférable.

5ᵉ Tableau. — Faire remarquer les rapprochements et les syllabes équivalentes ; expliquer les difficultés des lettres **Y, Q, K** et **H**.

6ᵉ Tableau. — Faites dire *ble, bre cle, cre*, etc.
Faites épeler ainsi : *cr a, cra ; vr i, vri*.
2ᵉ colonne. *cr ou, crou ; tr ir, trir*.

7ᵉ Tableau. — Faites prononcer *che, phe, ille, gn, gue, que*.
Epelez ainsi : *ill eur, illeur ; gn oir, gnoir*.

8ᵉ Tableau. — Expliquez toutes les difficultés que présente ce tableau.

OUVRAGES DU MÊME AUTEUR.

Huit Tableaux de Lecture, 1 fr.
Méthode de Lecture simplifiée, mise en rapport avec les tableaux de lecture, la douzaine, 1 fr.
Le mécanisme bien compris de cette Méthode suffit pour passer sans effort pénible à la lecture courante.
Arithmétique raisonnée (leçons élémentaires d'), à l'usage des écoles primaires, contenant toutes les questions du calcul pratique résolues par la *Méthode de l'unité*, l'exemplaire 0 fr. 30 c., la douzaine 3 fr.
La deuxième partie présente des moyens pratiques pour résoudre promptement les multiplications et les divisions, quelque longues qu'elles soient, à l'aide de compléments arithmétiques ou de parties stagnantes.
L'auteur a emprunté à l'algèbre les principes nécessaires pour résoudre un grand nombre de problèmes que l'arithmétique ne peut effectuer qu'après de longues et pénibles opérations, 0 fr. 60 c.

EN VENTE : A la librairie de **Hachette** et Cⁱᵉ, rue Pierre-Sarrazin, 14, à Paris, et chez les principaux libraires du département de l'Aisne.

www.ingramcontent.com/pod-product-compliance
Lightning Source LLC
Chambersburg PA
CBHW070435080426
42450CB00031B/2660